— PRIX : **1** FRANC —

M. DUPANLOUP

ÉVÊQUE D'ORLÉANS

ET

SON DERNIER PAMPHLET

PAR

M.-L. BOUTTEVILLE

Est quædam etiam nesciendi ars et scientia;
nam si turpe est nescire quæ possunt sciri, non
minus turpe est scire se putare quæ sciri
nequeunt.

HERMANN.

PARIS

E. ET F. PACHE, LIBRAIRES-ÉDITEURS
164, RUE DE RIVOLI, 164

1867

M. DUPANLOUP

ET

SON DERNIER PAMPHLET

I

J'ai tort, et j'en demande pardon à la mémoire de P.-L.
Courier, d'appeler cela un pamphlet. L'œuvre dernière de
M. Dupanloup, grand in-8° de près de deux cents pages, n'est
en réalité, de l'un à l'autre bout, qu'une longue et déclama-
toire invective. Cela est intitulé, comme on sait, *l'Athéisme et
le péril social*, et continue à se vendre chez mon voisin, M. Ch.
Douniol, rue de Tournon, 29.

L'auteur, en s'attaquant à la libre pensée, n'a eu certai-
nement l'intention ni de réfuter ni de convaincre. Il en
use aussi lestement avec les idées et les faits qu'avec les
hommes auxquels il touche : aucune trace d'esprit critique, aucune tentative de discussion sérieuse, aucun essai de
raisonnement ; rien que des affirmations et des injures qui ont
la prétention d'être sans réplique, uniquement parce qu'elles
tombent de la bouche d'un évêque. Cette méthode pouvait
paraître concluante à d'autres époques ; nous sommes devenus
plus exigeants.

Une pareille œuvre ne comporte pas de réfutation. A des
affirmations sans preuve on ne peut répondre que par des négations motivées ; à des faits controuvés, par la réalité des

choses : quant à l'injure et à l'anathème, nous en laissons volontiers le privilége à nos adversaires.

II

S'il est un fait, un seul, sur lequel nous soyons d'accord avec M. d'Orléans, c'est celui qu'il constate lui-même en ces termes : « On en est arrivé, dit-il, à ce point de la lutte religieuse où, les intermédiaires étant franchis, l'erreur totale et la vérité totale se trouvent en présence et se livrent un décisif combat, dont l'enjeu est tout l'avenir de la société. » Il ajoute : « La question est solennelle... Il faut que les voiles tombent, et que la lumière se fasse. »

A la jactance de ces paroles, peut-on douter que M. Dupanloup ne se décide enfin à discuter tout de bon avec nous ses doctrines et les nôtres? Quant à moi, j'ai cru un moment, je l'avoue, qu'il allait relever la proposition que j'ai faite ailleurs, d'ouvrir, à cette intention, dans l'enceinte de quelqu'une des grandes églises de Paris, de sérieuses conférences. J'ai parfois de ces naïvetés-là.

Mon illusion a été de courte durée. M. Dupanloup écarte jusqu'à l'ombre de la discussion. Il a cru sans doute qu'il lui suffisait, pour faire de chacun de ses adversaires, aux yeux des autres hommes, un objet d'horreur, d'inscrire sur leur front, en signe de réprobation, non de salut comme chez Caïn, le mot *athéisme*.

Reprenant pour son compte une affirmation de M. Caro : « L'idée de Dieu, dit-il, est en péril. » M. d'Orléans se trompe. L'idée de Dieu, si dans l'objet de cette idée on se borne à comprendre comme Pline l'Ancien, l'être universel et nécessaire, ou, selon la très-exacte et très-philosophique expression de M. Renan, l'une des catégories de notre entendement, celle de l'idéal, l'idée de Dieu est indestructible : elle subsistera aussi ongtemps que l'esprit humain lui-même, et nul ne songe à l'expulser de ce sanctuaire.

Mais ce n'est pas ainsi que l'entend M. Dupanloup. Il défi-
nit l'athéisme, et après tout il en a le droit, « la négation de
Dieu, du Dieu distinct du monde, du Dieu personnel, vivant
et créateur. » « Nous appelons nettement athée, dit-il, quiconque nie ce Dieu. »

. Il va plus loin, il impute l'athéisme même à ceux qui refu-
sent de se prononcer dans aucun sens sur la question de Dieu
et, d'accord en cela avec l'école positiviste, ne nient et n'affirment rien sur les causes premières et finales. M. d'Orléans
n'admet pas que l'on se garde ainsi d'intervenir entre le
déisme et l'athéisme, non plus qu'entre ceux qui croient que
l'âme survit à la décomposition du corps et ceux qui n'en
croient rien. « Sur ces capitales questions, dit-il, c'est oui ou
non. » Singulière prétention en vérité! Comme si aucune
question pouvait être pour nous de quelque importance, aussi
longtemps qu'elle se résume en une hypothèse de telle nature,
que la solution, très-probablement, s'en refusera toujours aux
prises de notre intelligence. Quoiqu'il en soit, partant de ces
prémisses, M. d'Orléans, nous nous empressons de le reconnaître, a parfaitement raison d'ajouter : « L'athéisme contem-
porain a cela de remarquable, qu'il n'est plus une simple
spéculation, mais qu'il aspire à passer dans la pratique ; il veut
tout refaire, tout réformer, tout réorganiser sans Dieu, sans
religion, bien plus, contre Dieu et contre toute religion ; tout :
la science, l'éducation, la morale, la société. »

Pour ce qui est de la science, la chose est déjà faite. La science
aujourd'hui dit comme Lalande, comme Laplace, comme Hum-
boldt. « J'ai visité la terre, j'ai parcouru les cieux, et je n'ai
trouvé Dieu nulle part. » Le reste y vient peu à peu.

Sous la dénomination d'athées, M. Dupanloup comprend
donc les positivistes, les panthéistes, les matérialistes, et de
plus tous ceux, n'importe à quelle école philosophique ils ap-
partiennent, qui font de la morale une science indépendante
de tout dogme théologique.

Il ne réfute ni les uns ni les autres, il ne l'essaye même
pas ; mais il les dénonce tous comme coupables de faire à la

fois la guerre au Pape et à Dieu, et conséquemment de pousser par leurs doctrines, par leurs sophismes impies, par leurs mensonges, sciemment et volontairement, la société tout entière aux plus profonds abîmes. Il ne craint pas de donner clairement à entendre qu'ils sont gens à « mettre le feu aux quatre coins de la terre. »

M. Dupanloup connaît mal ses adversaires : il ne se doute pas de ce qu'il peut y avoir, dans les hommes d'une idée, dans des sophistes, comme il les nomme, par lui convaincus de ne pas croire en Dieu, de vertu sans emphase, de désintéressement, d'abnégation personnelle, de dévouement, par amour, à la vérité, à la justice, à l'humanité.

III

Où trouvera-t-il la preuve des intentions et des doctrines perverses dont il accuse les libres penseurs ? C'est dans leurs écrits qu'il ira la chercher. A cet effet, il prend tout d'abord ses précautions : « Quant aux écrivains dont je cite les textes, si, malgré tous mes soins, dit-il, je ne les avais pas bien compris, si j'avais exagéré leurs paroles, si, à mon insu, je leur faisais dire ce qu'ils n'ont pas voulu dire, qu'ils me détrompent ; j'accepte, je sollicite toutes les rectifications : on ne pourra pas me faire un plus grand plaisir ici qu'en me montrant que je me suis trompé. »

Et le voilà qui, à la suite et sous le couvert de cette déclaration, entasse dans un affreux pêle-mêle des passages empruntés aux écrivains des différentes écoles, dont il tronque ou mutile à plaisir le langage et dénature la pensée.

De cette honnête tactique je veux ici apporter deux exemples qui me sont personnels ; car M. d'Orléans m'a fait, à moi aussi, l'honneur de me nommer, de me citer trois ou quatre fois, sans indiquer jamais où il puise ses citations, ce qui rend pour la plupart de ses lecteurs toute vérification impossible, et plusieurs fois « il m'a fait dire ce que je n'ai pas voulu dire. »

Je crois que toute morale religieuse est une morale d'intérêt, et j'ai dit après plusieurs autres : « Pour le chrétien, comme pour le juif, tous deux également dans l'attente de la résurrection et du jugement dernier, aspirant tous deux également aux meilleures places dans le royaume messianique, la vertu ne vaut que par ce qu'elle rapporte, elle n'est qu'un objet de spéculation et de lucre... Ce n'est pas par amour du bien, ce n'est pas en haine du mal que le croyant pratique la vertu : s'il se soumet à la loi divine, c'est uniquement dans l'espoir de plaire à son Dieu et pour devenir l'objet de sa prédilection ; car il aspire au paradis, et surtout il redoute l'enfer. Ses actes peuvent ainsi ressembler à des vertus, mais ils ne procèdent pas de la vertu ; ils sont dans la *légalité*, non pas dans la *moralité*. »

M. d'Orléans est de tout autre avis : « Qui ne sait, dit-il, que le chrétien fait le bien pour le bien, aime Dieu pour Dieu! » On pourrait lui demander combien il compte de ces chrétiens-là. A coup sûr, ce n'est pas saint Paul : saint Paul croyait en Dieu, mais il n'aimait pas ce Dieu pour lui-même, quand il disait : « Si les morts ne ressuscitent point, pourquoi nous exposer au péril à cause de notre foi ? S'il n'y a pas une autre vie, ne songeons qu'à boire et à manger ; car nous mourrons demain. » Athénagoras, un des premiers Pères de l'Eglise, croyait aussi en Dieu, mais il ne l'aimait pas davantage pour lui-même, quand il disait : « Serions-nous donc si purs et si irréprochables, si nous ne croyions que Dieu a les yeux sur toute la race humaine? Mais nous sommes persuadés que nous avons à rendre à Dieu, notre créateur et le créateur du monde entier, compte de toute notre vie, et voilà pourquoi nous élisons un genre de vie si honnête, si bienfaisant et si méprisé. » Lactance, autre Père de l'Église, croyait en Dieu, mais il ne l'aimait pas pour lui-même, quand il disait : « Ce n'est pas, comme l'affirment les philosophes païens, à cause d'elle-même qu'il faut rechercher la vertu, mais à cause de la vie bienheureuse qui suit nécessairement la vertu. »

Voilà le langage vrai du chrétien.

M. Dupanloup se garde bien de reproduire les motifs, les faits et les témoignages éclatants, que j'ai accumulés pour autoriser l'assertion qu'il incrimine en moi ; mais, après avoir cité mes paroles, il ajoute : « Ce même écrivain, omettant de connaître le sens des mots dont il use, soutient en effet qu'il n'est pas possible que Dieu juge et punisse une créature qui *n'a pas sanctionné* la loi *tout arbitraire* qu'il a plu à ce Dieu de lui imposer. »

Or, voici en quels termes je me suis exprimé (Voyez *la Morale de l'Église et la morale naturelle*, p. 456) :

« Tout a été dit sur la monstrueuse iniquité qu'il y aurait, de la part d'un Dieu, à punir par des supplices sans fin, comme sans mesure, une créature bornée dans son intelligence et dans sa volonté, qui, d'ailleurs, n'a pas sanctionné de son approbation et consenti librement la loi tout arbitraire qu'il a plu à ce Dieu de lui imposer. »

On voit assez que je ne conteste nullement au Dieu des chrétiens qu'il lui soit *possible* de juger et de punir. Évidemment, M. Dupanloup n'a cherché ici que l'occasion de susciter entre nous une querelle de pédant. Étrange préoccupation, quand il s'agit de questions si graves ! Donc, malgré son titre d'académicien, il semble ignorer que, par *loi arbitraire*, on peut entendre, en bon français, ainsi que je l'ai compris, une loi n'ayant d'autre raison, d'autre règle que la volonté plus ou moins capricieuse et despotique du législateur, et non pas seulement, comme il l'entend sans doute, une loi abandonnée au choix et à la volonté de celui pour qui elle est faite.

A ce propos, il prétend que, ni « dans le sens odieux et ridicule où il m'a plu de prendre ce mot, ni dans aucun sens, » il n'y a d'arbitraire en Dieu.

Qu'il veuille bien alors nous expliquer le caractère de la loi imposée tout d'abord par ce Dieu à nos premiers parents. Quel mal en soi y avait-il à goûter de l'arbre de la science ? S'il n'y a point d'arbitraire en Dieu, qu'il interprète en conséquence le mot de saint Paul : « Dieu fait miséricorde à qui il lui plaît et endurcit qui il lui plaît. » Si, comme il l'affirme,

« les lois positives divines, ainsi que les lois positives humaines émanées d'un sage législateur, ne contredisent pas les lois naturelles, et n'ont pour but que d'en mieux assurer l'application, » qu'il nous dise comment l'entendait Abraham, quand ce patriarche, obéissant à l'ordre de Dieu, s'apprêtait sans scrupule à tuer son fils.

En effet, ce n'est pas à moi, c'est, comme on pourrait le faire voir en cent endroits, à l'histoire biblique elle-même, que M. l'évêque d'Orléans donne ici un démenti.

Ce démenti s'adresse aussi à plusieurs des Pères et docteurs de l'Église.

Il s'adresse à Tertullien, qui a dit : « On doit obéir à la volonté de Dieu, non parce que ce qu'il nous ordonne est bien, mais parce que Dieu l'a ordonné. »

Il s'adresse à saint Augustin, qui a dit : « L'autorité divine a établi certaines exceptions à la loi qui défend l'homicide. Quelquefois Dieu ordonne l'homicide, soit par une loi générale, soit par un commandement temporaire et particulier. Or, celui-là ne tue pas, qui doit son ministère à celui qui ordonne, comme une épée à celui qui s'en sert. (*De civit. Dei*, I, 21). » Il s'adresse encore à saint Augustin, qui a dit en parlant à Dieu : « Lorsque tu commandes quelque chose d'extraordinaire et d'imprévu, quand même tu l'as auparavant défendu, quoique tu caches pour un temps le motif de ton ordre, et que cet ordre soit contraire aux lois de la société humaine, qui doute que l'on ne doive y obtempérer, puisqu'il n'y a, parmi les hommes, de société juste, que celle qui t'obéit (*Confess.* III, 9)? »

Il s'adresse à saint Thomas-d'Aquin, qui a dit : « On peut sans injustice, pour obéir à Dieu, ôter la vie à un homme, qu'il soit coupable ou innocent. Ce que nous disons de l'homicide, il faut le dire également du vol et de l'adultère. »

Il s'adresse à l'un des auteurs présumés de l'*Imitation de Jésus-Christ*, l'illustre Gerson, qui a dit : « Dieu ne veut pas certaines actions parce qu'elles sont bonnes, mais elles sont bonnes parce qu'il les veut, de même que d'autres sont mauvaises parce qu'il les défend... La droite raison ne précède pas, en Dieu, la volonté, et Dieu ne se décide pas à donner des lois à la créature raisonnable, pour avoir vu d'abord dans sa sagesse qu'il devait le faire; c'est plutôt le contraire qui a lieu... Les choses étant bonnes parce que Dieu veut qu'elles soient telles, il ne les voudrait plus on les voudrait autrement, que cela même deviendrait le bien. »

Il s'adresse à Pascal, qui a dit: « Il faut juger de ce qui est bon ou mauvais par la volonté de Dieu... La raison pour laquelle les péchés sont péchés, c'est seulement parce qu'ils sont contraires à la volonté de Dieu. »

Ai-je eu tort de voir dans ces textes, ainsi que dans beaucoup d'autres, et dans certains faits de l'histoire de l'Eglise, l'expression vraie et orthodoxe du système chrétien? Dans ce cas, il me semble, M. Dupanloup, pour me convaincre d'erreur, aurait mieux fait d'expliquer ces faits et d'interpréter ces textes que de s'arrêter à une querelle de mots.

Voici qui est plus grave.

M. d'Orléans faisant allusion à un passage du livre déjà cité, *la Morale de l'Église et la morale naturelle :* « C'est au nom de la morale indépendante, dit-il, que l'on « proteste, au nom « des droits de l'amour, contre le préjugé chrétien, qui con- « damne la femme galante, la courtisane. » Puis, il me nomme comme l'auteur de cette proposition, et il s'écrie avec un air de triomphe : « Et voilà un auteur et un livre que de grands journaux, à Paris, à Lyon, ont célébré! Un livre que la *Libre Pensée* a nommé *indispensable* pour quiconque s'intéresse aux grandes questions morales et religieuses; dont *la Morale indépendante*, d'accord avec la feuille matérialiste et athée, a dit de son côté : « Voilà un livre dont nous con- « seillons la lecture à nos adversaires comme à nos amis. »

Il est bon qu'on sache ce que peut valoir, dans cette circonstance, le triomphe de M. Dupanloup.

A la suite de considérations, toutes de nature à motiver ma protestation, mais qu'il serait trop long de rappeler ici, j'ai dit en effet : « Tout en faisant une loi de la chasteté, la raison humaine n'entend pas en exagérer le mérite, ni dépouiller de toute vertu, de toute qualité estimable ou attachante, celui ou celle qui, sous l'empire d'une loi supérieure, même en dehors des garanties sociales, cède aux attraits du plaisir amoureux. Elle proclame, il est vrai, que le mariage, quand il n'est pas une prostitution légale, constitue pour l'homme et la femme le mode d'union le plus saint et le plus respectable ; mais elle comprend aussi que, par suite de circonstances et de situations plus ou moins exceptionnelles qui tiennent souvent aux personnes, plus souvent peut-être aux difficultés et aux contradictions de notre état social, ce mode d'union n'est pas permis à tous ; que tous n'y sont pas propres ; qu'une femme, par exemple, quoique de complexion amoureuse, et douée de vertus et de qualités aussi aimables que distinguées, peut manquer de celles qu'il faut avoir pour être une digne matrone et remplir comme il convient les devoirs et les obligations d'épouse et de mère. Elle avoue ainsi qu'en dehors et au-dessous du mariage peuvent subsister entre les deux sexes des unions encore respectables, légitimées par la nature, sinon par la loi sociale. Sans rien diminuer de son horreur pour la débauche, elle reconnaît que l'union charnelle, qui dans l'amour parfait n'est guère autre chose que l'expression sensible, le symbole de l'union des âmes, n'a pas seulement pour but la procréation des enfants, mais que la nature s'y propose aussi, et peut être avant tout, la félicité des êtres ; elle proteste en conséquence, au nom des droits de l'amour, même de l'amour purement physique, car il a aussi les siens, contre le préjugé chrétien qui persuade à la femme galante, à la courtisane, qu'elle n'a plus de titre à aucune vertu, à aucune estime, et la condamne trop souvent par là même à dépouiller tous les dons d'esprit et de cœur qu'elle tenait de la nature ; à descendre, sous le poids du mépris public et du sien propre, dans la fange du vice, et à devenir en effet l'être le plus abject de la création. »

J'ai ajouté : « A toutes les objections que sur ce point il est aisé de prévoir, je ne veux ici répondre qu'un mot : ce n'est pas à la nature de se plier aux règles souvent arbitraires ou erronées de la société civile, mais c'est à la société civile de se conformer aux lois de la nature. » M. Dupanloup incrimine aussi ces paroles. Mais quoi ! lui-même, il n'y a qu'un instant, ne proclamait-il pas que, dans sa pensée, les lois humaines, ainsi que les lois divines, loin de contredire les lois naturelles, ne peuvent avoir pour but que d'en mieux assurer l'application ? Eh bien ! je m'adresse ici à sa bonne foi, à sa conscience d'homme, non de chrétien : oserait-il prétendre que sur cette question, éminemment délicate et non moins grave, les lois de son Dieu et celles des hommes sont toujours d'accord avec les lois de la nature ?

Que le lecteur me pardonne toutes ces citations. Elles étaient peut-être nécessaires pour lui faire entendre à quoi se réduit ici en définitive le triomphe de M. Dupanloup, et par quels moyens il réussit quelquefois à s'en procurer de semblables.

Voici, de sa part, une autre prétention aussi justement fondée : il affirme que les écoles d'athéisme, puisqu'ainsi il les nomme, ne comptent dans leur sein ni un savant ni un philosophe dignes de ce nom : c'est-à-dire que, sans sortir de France, les noms d'E. Littré, d'E. Renan, de Claude Bernard, de Pierre Leroux, de Berthelot, etc., ne représentent à ses yeux que des sophistes et des ignorants. A qui espère-t-il faire partager là-dessus son opinion ?

Au moment de terminer ce paragraphe, je ne puis m'empêcher de remarquer que, dans cette longue diatribe contre les libres penseurs, M. Dupanloup, qui d'ailleurs maltraite si volontiers en particulier l'école positiviste, ne nomme pas une seule fois, bien qu'il le cite souvent, le chef actuel de cette école, M. Littré : on dirait que ce nom, si respectable et si respecté à tant de titres, sa plume se refuse à l'écrire. Est-ce qu'en souvenir d'une méchante action, ce nom serait pour lui devenu un remords ?

IV.

M. d'Orléans, à la fois, comme on sait, savant et philosophe, affirme, lui, qu'il y a un Dieu, une providence, une justice divine qui, dans ce monde, châtie par des maux privés et des calamités publiques les péchés des hommes et des peuples, en attendant qu'elle brûle éternellement nos âmes et nos corps, sans les consumer jamais, dans un monde à venir.

De tout cela que sait-il plus que nous ?

Objet d'une prédilection divine ; soumis, comme tel, aux influences surnaturelles d'une grâce irrésistible, a-t-il reçu d'en haut, sur cette triple question, quelque révélation particulière ? S'il en est ainsi, qu'il le dise. Alors, je le comprends, je m'incline, et j'avoue humblement que, prédestiné sans doute, pour ma part, à la damnation, je n'ai point été favorisé du don et des lumières qu'il a reçus. J'ai dit ce que j'entends sous le nom de Dieu ; mais à qui me demande si Dieu est un être intelligent et conscient de lui-même ; s'il est de son essence d'être à la fois un et triple ; à la fois créateur, législateur et juge ; s'il régit le monde à l'aide d'une providence à qui rien n'échappe, etc., etc., je confesse mon ignorance, et j'affirme à mon tour qu'aucun homme n'en sait là-dessus plus que moi. J'en excepte, bien entendu, M. d'Orléans et tous ceux qui, comme lui, sont enfants de la grâce et par elle illuminés.

J'ai dit ailleurs sur tous ces points les motifs de mon scepticisme. M. Dupanloup n'a pas même essayé d'en atténuer la valeur.

En vertu du principe de contradiction, mon esprit, je l'avoue, se refuse tout d'abord, et invinciblement, à admettre un être à la fois infini et personnel.

J'avoue aussi que l'idée « d'un Dieu créateur, se mêlant des affaires du monde et y intervenant par sa providence » m'*étonne* et me *révolte*. Comment en effet la concilier, cette idée, avec tous les fléaux, que M. Dupanloup décrit si bien lui-même, frappant indistinctement d'une extrémité du monde à l'autre, sous prétexte de punir nos péchés, les innocents et les coupables, les innocents surtout, car ils sont les plus nombreux ? A ce spectacle, je dis, moi aussi : « Si tel était Dieu, s'il lui plaisait de nous confondre par de tels moyens, le moindre d'entre nous gardant une lueur d'équité lui serait supérieur, et, pour trouver des égaux à ce Dieu-là, il faudrait le mesurer aux despotes les plus fantasques, aux tyrans les plus cruels. Dieu serait le monstre suprême, et tout ce qu'il y a de sain, de bon et de sensé dans l'humanité, n'aurait plus qu'à se lever en masse contre lui, à le mettre en accusation et à placer sur son trône usurpé et souillé d'injustice le grand juge des hommes et des dieux : la conscience humaine. » (*Le Temps*, 18 octobre 1866, cité par M. Dupanloup.)

Je suis de l'avis de Bayle, de Montaigne, de saint Augustin, de Plutarque. Je crois qu'une idée fausse ou indigne de Dieu est pire que l'indifférence ou l'athéisme.

Je sais bien que, pour résoudre la difficulté et se tirer d'embarras, M. Dupanloup nous répond que « Dieu montrerait sa justice trop à découvert (quel mal y aurait-il à cela?), si celui qui pèche était frappé à l'instant même par un châtiment visible, terrible, immédiat ; ou si ces grandes calamités publiques, les inondations, les pestes, la guerre, distinguaient entre les justes et les pécheurs, frappant ceux-ci, épargnant ceux-là ; » que ce Dieu, « qui est tout-puissant, bon et juste, a des compensations admirables ; qu'en enveloppant l'homme de bien dans ces calamités communes qui frappent les coupables, il lui fait expier ses fautes présentes et ses fautes anciennes ; qu'il le sanctifie par l'épreuve de la patience et par l'humble et filiale soumission à sa volonté ; et qu'il lui fait trouver enfin dans l'exercice de ces grandes vertus des trésors de mérites, qui seront récompensés éternellement par des trésors de gloire et d'immortelles félicités. »

Cette théorie est bien connue, et les applications en ont été fréquentes dans l'histoire de l'Eglise. C'est ainsi, par exemple, que dans la guerre des Albigeois, au XIIIe siècle, lors de la prise et du sac de Béziers, les croisés vainqueurs se tournant vers le légat du Pape, qui présidait à leurs exploits, et lui demandant ce qu'il fallait faire pour distinguer les hérétiques des catholiques, il répondit par ces mots : « Tuez tout ! Dieu connaît ceux qui sont à lui. » « Alors se fit le plus grand massacre qu'on ait jamais vu dans le monde ; on n'épargna ni vieux ni jeunes, pas même les enfants à la mamelle. Tous ceux qui le purent se retirèrent dans la grande église de Saint-Nazaire, où les prêtres faisaient entendre le son des cloches, à défaut de la voix humaine ; mais il n'y eut ni son de cloches, ni prêtre revêtu de ses habits, ni croix, ni autel qui pût empêcher que tout ne passât par l'épée. Ce fut la plus grande pitié qui jamais fût osée et faite ; et, la ville pillée, on y mit le feu par tous les coins, tellement que tout fut dévasté et brûlé, et qu'il n'y resta chose vivante au monde. » (*Chron. anonyme de Toulouse.*)

Nous avons la faiblesse de ne point goûter cette théorie. « Cette philosophie chrétienne, » comme dit très-bien M. d'Orléans, « est trop haute » pour nous et nous « surpasse. » Nous persistons simplement à croire, et cela par beaucoup de motifs, que, s'il y a un Dieu, ce Dieu n'est pour rien dans les calamités qui nous frappent, et que les inondations, par exemple, les pestes, les tremblements de terre, les perturbations qui se produisent dans le cours des saisons comme dans celui des astres, ne sont que des effets nécessaires des lois inhérentes à la nature même des choses.

Là-dessus, et pour toute réfutation, M. Dupanloup : « Au fond, dit-il, je vous comprends, vous avez peur des miracles. » A cela que répondre, sinon que, sauf respect, M. d'Orléans tombe ici dans la *pantalonnade*. Hélas ! faut-il le dire ?.. c'est le mot qui conviendrait le mieux peut-être à caractériser la brochure épiscopale.

M. d'Orléans n'exige pas seulement que nous nous prononcions sur la nature et les attributs de Dieu ; il veut aussi que nous confessions l'essence et l'immortalité de notre âme. Même après l'aveu si décisif de Bossuet : « Lorsque nous parlons des esprits, nous n'entendons pas trop ce que nous disons, » M. Dupanloup s'étonne que nous venions dire à notre tour : Nous ne savons pas plus ce que c'est qu'*esprit* que nous ne savons ce que c'est que *matière*. Il s'obstine à voir dans notre discrétion sur tout ce qui a rapport à l'essence de Dieu et à celle de l'âme humaine, dans notre abstention de toute doctrine à cet égard, et dans les motifs de cette abstention, ce qu'il appelle « les théories les plus abominables, les plus impies, les plus effrontées, les plus subversives de tout ordre et de toute société. »

V.

M. Dupanloup, peu satisfait des modernes, se réfugie chez les anciens, sous prétexte de nous montrer, comme il dit, « l'accord du genre humain avec le christianisme sur la question de Dieu, de la Providence et de la justice divine. »

Par malheur, M. Dupanloup, qui se pique pourtant de les connaître, se plaît à mutiler, à défigurer les anciens aussi bien que les modernes. Il manipule sans vergogne aucune et façonne leurs dires selon les besoins de sa thèse. Il confond d'ailleurs — est-ce par étourderie ? — ce qui est du poëte ou de l'homme d'Etat avec ce qui est du philosophe. Presque toutes ses références aux textes sont inexactes : — est-ce aussi par étourderie ?

Trois fois de suite il fait parler Cicéron. La première fois, il lui fait dire : « La Providence gouverne le monde et les choses humaines, le monde entier, et chaque créature. » Et il renvoie au traité de Cicéron *de Divin.*, *num.* 117.

Or, ce traité se compose de deux livres, dont aucun ne présente un cent dix-septième paragraphe ou chapitre.

Il est très-vrai que, dans ce traité, Cicéron, quoiqu'il fît lui-même partie du collége des augures, s'adresse à son frère en ces termes (l. II, c. 12) : « Je crois que le bien de la république et celui de la religion veulent qu'on respecte les aruspices ; mais nous sommes seuls, nous pouvons chercher la vérité sans crainte ; » et que là-dessus « il livre, comme dit Voltaire, à un ridicule éternel tous les aruspices, toutes les prédictions et tous les sortiléges dont la terre est infatuée. » Il est aussi vrai qu'à la fin de ce même traité Cicéron dit encore : « La superstition, il faut l'avouer, a enchaîné presque tous les esprits chez tous les peuples et subjugué la faiblesse des hommes. Je l'ai surtout fait voir ici ; car il m'a semblé que le philosophe, qui parviendrait à détruire entièrement cette crédulité, rendrait un grand service à ses concitoyens et à lui-même... Il faut arracher toutes les racines de la superstition ; car c'est un monstre qui vous presse et vous poursuit de quelque côté que vous vous tourniez. » C'est encore dans ce traité que Cicéron fait entendre des paroles comme celles-ci : « Je doute qu'il soit possible même à un dieu de savoir ce qui doit arriver fortuitement et par hasard. » (II, 7.) « Soyez sûr que rien ne peut arriver sans cause naturelle, et désabusez-vous ainsi de l'erreur qui vous en faisait une merveille. Alors les tremblements de terre, le ciel qui s'entr'ouvre, les pluies de pierre ou de sang, les étoiles tombantes, les feux aériens ne vous effrayeront plus. » (II, 18.) « Quant aux questions philosophiques sur ce qui est bien, ce qui est mal, et ce qui n'est ni l'un ni l'autre, les a-t-on jamais faites à un devin ? elles sont du ressort des philosophes. A-t-on jamais consulté quelque aruspice pour apprendre de lui comment on doit vivre avec son père ou sa mère, avec ses frères, avec ses amis ; quel usage on doit faire des richesses, des dignités, de la puissance ? Sur tous ces devoirs on interroge, non les devins, mais les sages. » (II, 4.)

Remarquons par occasion que, dans ce dernier passage, comme en cent endroits de ses œuvres, Cicéron proclame, lui aussi, que la morale est indépendante des dieux.

Enfin, c'est dans ce traité qu'il adresse à beaucoup de gens, dont plusieurs vivent encore, cette judicieuse réplique : « Il n'est rien, dites-vous, que Dieu ne puisse faire. Que n'a-t-il donc fait de vous des sages, pour vous empêcher de tout croire avec une inquiète et misérable superstition ? »

Voilà ce que vous pourrez lire dans le traité *de la Divination,* mais vous n'y trouverez nulle part les paroles que M. Dupanloup attribue gratuitement à Cicéron.

Il lui fait dire encore : « Tout homme doit être convaincu de cette vérité, que Dieu est le souverain maître de toutes choses, qu'il voit au fond des cœurs, et qu'il tient compte à chacun du bien et du mal; qu'il discerne les justes et les impies. » Et il renvoie au traité *de Legibus, num.* 25.

Or, ce traité se compose de trois livres, et ni dans le premier, qui compte seulement vingt-trois paragraphes, ni dans le second, qui en compte vingt-sept, ni dans le troisième, qui n'en compte que vingt, on ne trouve le passage indiqué.

M. Dupanloup a eu sans doute ici en vue le ch. vii du liv. II du traité *des Lois*, où Cicéron rapporte le préambule bien connu des lois de Zaleucus, législateur des Locriens. Les paroles de ce sage, outre qu'elles sont falsifiées dans la traduction de M. Dupanloup, ne sont donc pas de Cicéron. Cicéron semble, il est vrai, en approuver la pensée; mais c'est qu'alors, comme l'a très-bien remarqué, avant moi, le savant et judicieux éditeur de ses œuvres, Victor Leclerc, les préjugés de l'homme d'État altèrent ici la raison du philosophe, de celui-là même qui, dans le premier livre *des Lois* (ch. xv) s'est indigné une fois de plus qu'on puisse songer à fonder la probité sur l'intérêt, et qui affirme en même temps que, s'il est bon de conserver le culte, ce ne doit pas être par crainte, mais à cause du lien qui unit l'homme à Dieu, *non metu, sed ea conjunctione, quæ est homini cum Deo.*

Il convenait en effet de se rappeler que Cicéron, dans ce traité, parle tantôt en disciple de l'Académie ou du Portique, tantôt en sénateur romain, en consulaire, ou même en augure, et qu'à ces derniers titres il y défend les superstitions populaires qu'il combat avec tant de force, comme philosophe, dans son traité *de la Divination*.

M. Dupanloup fait dire enfin à Cicéron : « Si la foi en ce Dieu périssait, la société du genre humain périrait tout entière. » Et il se réfère au traité *de Officiis, num. ult.*

Or, le traité dont il s'agit se compose de trois livres, et le dernier chapitre d'aucun des trois n'autorise les paroles attribuées à Cicéron. Il y a plus : ces paroles ne se trouvent nulle part dans le traité *des Devoirs.*

Il y a plus encore : c'est que ceux-là mêmes qui invoquent aujourd'hui ce traité à l'appui de leurs théories, ont été naguère les premiers à lui reprocher ce qui en constitue à nos yeux la perfection : « l'omission, ont-ils dit, des devoirs religieux, et l'absence d'un lien qui rattache la morale à son vrai principe, à Dieu, source de tout bien, de toute vertu et de tout bonheur. »

Et veut-on savoir pourquoi Cicéron, d'accord en cela avec presque tous les philosophes de l'antiquité, ne songe même pas à rattacher à Dieu les lois de la morale? C'est que, dans sa pensée à lui aussi, Dieu n'est qu'une hypothèse dont la légitimité est indémontrable : « En voyant, dit-il lui-même (*de Nat. deor.*, I. 4), combien les hommes les plus doctes sont partagés sur cette grande question, il y a sûrement de quoi faire douter ceux qui se piquent d'avoir trouvé là-dessus quelque chose de certain. »

Aussi, loin de croire à une *justice divine*, comme l'en accuse M. Dupanloup, Cicéron ne voit dans ce qu'on racontait de l'enfer et de ses tourments que « pures imaginations de poëtes et de peintres, » *poetarum et pictorum portenta.* « Où est, disait-il à ce propos, la vieille femme assez imbécile pour craindre

> Ces gouffres ténébreux, ces lieux pâles et sombres,
> Effroyable séjour de la mort et des ombres? »

Et c'est justement dans le traité *des Devoirs,* invoqué par M. Dupanloup, qu'il dit encore : « Craignez-vous la colère de Jupiter ? Mais l'opinion de tous les philosophes, c'est que Dieu n'est jamais irrité et qu'il ne saurait nuire à personne. On ne doit donc pas craindre qu'il nous fasse aucun mal. Laissons la colère céleste, qui n'existe pas ; mais songeons à la justice et à la bonne foi. »

Je comprends que M. d'Orléans se soit abstenu de citer ces paroles et beaucoup d'autres semblables, qu'il eût pu colliger dans Cicéron ; mais je lui reproche d'avoir trois fois de suite, comme on a vu, essayé de nous donner le change sur la pensée de l'orateur romain.

2

Je n'insiste pas : je laisse aux juges compétents le soin d'apprécier la moralité du fait dans un littérateur, un académicien, un évêque.

On se souviendra peut-être, à cette occasion, que M. Dupanloup brave, depuis longtemps déjà, les reproches de cette nature.

En 1855 parut une *Instruction pastorale de l'évêque d'Orléans,* destinée à appuyer un dogme nouveau, celui de l'immaculée conception de la vierge Marie. Quelques pieux et savants chrétiens eurent la pensée d'examiner cette œuvre, pour en apprécier la valeur, au point de vue de l'orthodoxie. Quel fut le résultat de cet examen ?... Textes souvent apocryphes, quelquefois interpolés ou falsifiés, interprétations erronées ou mensongères, voilà les moyens auxquels M. Dupanloup fut alors accusé et convaincu d'avoir eu recours. « Ignorance incommensurable ou insigne mauvaise foi : » tel fut le dilemme que lui infligèrent, à cette occasion, ses sévères, mais loyaux critiques. (Voyez *Essais sur la réforme catholique,* par Bordas-Demoulin et F. Huet, p. 478 et suiv.)

Ne sommes-nous pas aujourd'hui forcés de reconnaître que la leçon, depuis ce temps, ne lui a guère profité ?

VI.

Lorsque parut la fameuse Encyclique du 8 décembre 1865, M. l'archevêque de Sens, dans la chaire de sa cathédrale, en présence des fidèles assemblés, déclara que cette Encyclique « obligeait toutes les consciences catholiques, » et que, pour sa part, « il adhérait avec une entière soumission d'esprit et de cœur, complétement, simplement, sans distinction ni réserve, à toutes les décisions et sentences portées par S. S. Pie IX depuis son heureux avénement au trône pontifical jusqu'au présent jour ; qu'il y adhérait en son nom, au nom de tout son clergé, au nom de tous les fidèles de son diocèse, qui devaient la même soumission au pasteur suprême des âmes, au vicaire de Notre-Seigneur Jésus-Christ. »

Il faut reconnaître, à l'honneur de MM. les évêques de France, que tous firent entendre alors à peu près le même angage.

Une seule voix discordante vint se mêler à cet harmonieux concert : ce fut celle de M. l'évêque d'Orléans.

Le pape, dans son Encyclique, d'accord avec toute la tradition chrétienne, avait enseigné et proclamé qu'il y a scission entre l'esprit de l'Église et l'esprit du siècle ; qu'il est absurde et impie de prétendre que le Pontife romain puisse et doive composer avec le progrès, le libéralisme et la civilisation moderne. Il avait prononcé anathème sur ceux qui affirment que le pouvoir laïque n'a pas le droit de réprimer par des peines édictées les violateurs de la religion catholique ; que la liberté de conscience et de culte est le droit propre de chaque homme ; que ce droit doit être reconnu et proclamé par la loi dans tout État bien policé ; que tout citoyen a aussi le droit de manifester et de déclarer, avec une liberté que ne peuvent limiter ni l'autorité ecclésiastique ni l'autorité civile, ses convictions, quelles qu'elles soient, ou par la parole, ou par la presse, ou par d'autres moyens. Il avait enseigné en conséquence et exhorté les autres évêques à enseigner, de concert avec lui, que les royaumes reposent sur le fondement de la foi, et que rien n'est mortel, prompt à engendrer tous les malheurs, comme le libre arbitre que nous avons reçu en naissant. « N'omettez pas, avait ajouté le Saint-Père, toujours s'adressant aux évêques, n'omettez pas d'enseigner que la puissance royale a été établie, non-seulement pour exercer le gouvernement de ce monde, mais surtout pour la protection de l'Église, et qu'il n'est rien de plus profitable et de plus glorieux pour les souverains des États et pour les rois que de laisser, comme notre très-sage et très-courageux prédécesseur saint Félix l'écrivait à l'empereur Zénon, l'Église catholique user de ses lois, et de ne permettre à personne d'attenter à sa liberté. Il est certain qu'il est avantageux pour les souverains, lorsqu'il s'agit de la cause de Dieu, de soumettre, conformément aux règles établies, leur volonté royale aux prêtres de Jésus-Christ, et non de la leur imposer. »

Rien n'était assurément plus logique, au point de vue de l'orthodoxie chrétienne.

M. l'évêque d'Orléans, dans une brochure ayant pour titre, *la Convention du 15 septembre et l'Encyclique du 8 décembre,* interpréta le langage, si clair par lui-même, du souverain Pontife, et, à force de distinctions et d'arguties, dénaturant, falsifiant tout ensemble les enseignements de Pie IX et les doctrines traditionnelles de l'Église, il en vint à conclure que Christianisme est synonyme de Raison, de Progrès, de Liberté, de Civilisation, de Tolérance religieuse.

Quel immense cri de réprobation se fût, en cette circonstance, élevé contre lui, si l'esprit chrétien vivait encore et s'agitait dans les âmes ! Quant à moi, si je partageais la foi enseignée par le Christ, par ses apôtres et leurs successeurs légitimes ; en un mot, si j'étais chrétien, et qu'à ce titre j'eusse l'honneur d'être évêque, à l'occasion du fait que je viens de rappeler, j'eusse d'abord averti charitablement mon collègue d'Orléans que toute sa sophistique était de nature à faire douter de la sincérité de sa foi ; qu'elle touchait à l'apostasie ; et, si je l'eusse trouvé obstiné dans son erreur, je n'aurais pas hésité à provoquer, au besoin, contre lui, les arrêts d'un concile.

M. Dupanloup connaît son époque ; il sait combien sont rares aujourd'hui, parmi les *fidèles*, ceux qui embrassent de cœur et d'intelligence la sombre et majestueuse amplitude du dogme chrétien ; il sait que ses erreurs en matière de doctrine, sont couvertes d'avance par l'ignorance des uns, par l'indifférence des autres, et, dès lors, il se préoccupe assez peu d'orthodoxie.

Sa dernière publication en fournit une nouvelle preuve.

M. d'Orléans pose la question entre le catholicisme et l'athéisme ; et voici en quels termes : « Le mal physique existe, nous dit-il : il y a les maladies, la mort, toutes les souffrances, toutes les misères qui affligent la nature humaine. C'est un fait. Vous ne pouvez pas plus le nier que nous. Pourquoi, sous un Dieu bon, auteur du monde et des lois de la nature, ce déluge de maux qui tous les jours inonde la terre ?

Nous, nous donnons de ce fait des explications; nous disons, nous : « châtiments, épreuves, remèdes à nos passions et à nos « vices, moyens d'expier et de mériter, source d'éternelles ré-« compenses. » Ces explications, vous les combattez : donnez-nous les vôtres. Vous n'en avez aucune. Il n'y a pas de milieu : « *Il faut ou que vous parliez comme nous, ou que vous vous dé-clariez athées.* »

Il est très-vrai, Monseigneur, que l'existence du mal est, à notre sens, inconciliable avec celle de votre Dieu. Il est aussi très-vrai que vos explications à ce sujet nous paraissent, à nous, puériles et extravagantes; ce qui n'est pas moins vrai, c'est qu'il nous semble parfaitement rationnel, malgré votre dénégation, de chercher l'explication du mal dans ce que j'ai nommé la *loi des contraires*, et d'y voir tout simplement une condition d'existence. Mais ce n'est pas là ce dont il s'agit en ce moment.

Selon vous, Monseigneur, « il faut, ainsi que s'exprime **M. A. Nicolas** dans ses *Etudes philosophiques sur le christianisme*, il faut ou embrasser la monstruosité de l'athéisme, ou admettre le mystère du péché originel. Il n'y a pas de milieu. » C'est bien là, n'est-ce pas, votre pensée? J'ai relevé ailleurs l'hérésie de M. Nicolas. A votre tour, permettez-moi de vous apprendre, puisque vous semblez l'ignorer, que prétendre, comme vous faites, que la condition actuelle de l'humanité accuse Dieu ou l'homme, et qu'il faut opter entre l'athéisme et le péché originel, c'est renouveler une doctrine plusieurs fois condamnée par l'Église, et vous mettre en opposition avec le premier des Pères d'Occident, le promoteur de la doctrine du péché originel. Saint Augustin, en effet, dans sa polémique contre les manichéens, — il est difficile de croire que vous l'ignoriez, — affirme à diverses reprises, non, je l'avoue, sans contredire par là certaines autres de ses affirmations, que « dans le cas même où l'ignorance et la difficulté de faire le bien, avec lesquelles nous naissons, seraient l'*état naturel* de l'homme, de l'homme à son premier jour, de l'homme sortant des mains de Dieu, de l'homme avant la chute, il n'y aurait pas lieu d'accuser, mais plutôt de louer Dieu, et qu'il faut dire la même chose des souffrances et de la mort auxquelles nous sommes assujettis. » Entre plusieurs théologiens, M. le cardinal Gousset s'exprime dans le même sens et affirme, lui aussi, que Dieu aurait pu créer l'homme dans l'état de nature pure, « où il eût été, du moins à peu de chose près, tel que sont ses descendants. » Le père Matignon, un jésuite, il est vrai, est plus explicite encore, il dit textuellement : « Dieu aurait pu créer l'homme dans l'état où nous le voyons aujourd'hui, sans lui accorder la révélation proprement dite, et sans l'appeler à une destinée surnaturelle. » Il ajoute : « Supposé le désordre originel, la nature de l'homme demeure blessée, amoindrie. Mais ces blessures et cet amoindrissement ne vont pas jusqu'à attaquer sa bonté radicale. Elle reste même complète, à la prendre dans ce qui lui est rigoureusement dû. Bien qu'elle n'ait plus cette intégrité que lui assuraient de nombreux priviléges, elle a celle qui est requise pour que tout don surajouté soit véritablement gratuit, c'est-à-dire en dehors de ses exigences. Voilà ce qu'il aurait fallu toujours se rappeler. Depuis Baïus et Jansénius, il n'est pas permis à un catholique de le perdre de vue, puisque l'Église, en réprouvant leurs erreurs, a consacré d'une manière solennelle les principes que nous venons d'exposer. » (Voyez dans *la Morale de l'Église et la morale naturelle*, la note de la page 63.)

Ce qui, sur ce point, n'est pas permis à un simple fidèle, peut-il l'être à un évêque ?

VII

Nous voulons répondre ici à deux questions que nous adresse M. d'Orléans.

De ces questions voici la première :

« Mais, en vérité, s'écrie-t-il, vous, qui faites de Dieu une *hypothèse inutile*, de sa Providence un conte de *bonnes femmes*, et de sa justice un chimérique *épouvantail*, vous croyez donc que nous sommes tous des imbéciles ou des hypocrites ! »

M. d'Orléans sait bien que nous sommes trop polis pour lui répondre par l'affirmative. Ajoutons que nous sommes aussi trop équitables. Non, vous n'êtes pas tous des imbéciles ou des hypocrites. Nous savons combien sont impérieuses les influences du milieu dans lequel on est né, dans lequel on a grandi ; nous savons aussi avec quelle étonnante facilité, avec quelle obstination nos opinions et nos croyances se façonnent et se conforment, souvent même à notre insu, aux exigences de notre position et de nos intérêts ; nous savons enfin que le choix d'une religion, c'est-à-dire l'acte de conscience qui réclame, ce semble, la plus entière liberté, a été jusqu'à présent le plus asservi aux lois de la fatalité : « Nous sommes chrestiens, disait déjà Montaigne, à mesme tiltre que nous sommes ou Perigordins ou Alemans. » Ainsi pour nous s'explique que de beaux génies, de vives et puissantes intelligences, autrefois surtout, aient embrassé en toute sincérité la foi chrétienne ; ainsi s'explique que le même phénomène se soit produit en tout pays, en toute religion, si absurde qu'elle pût être. Le fait, assurément, est aujourd'hui plus rare : c'est que les sociétés humaines se sont éclairées ; c'est que le milieu s'est modifié. Il n'y a guère que les intérêts qui soient restés les mêmes.

Ces intérêts, intérêts de personne, intérêts de secte et de corps, ont agi de tout temps, et de tout temps aussi, plus que tout autre motif, ils ont engendré, chez tous les peuples et dans toutes les religions, les *fraudes pieuses*, les ruses et les hypocrisies sacerdotales. A-t-on jamais calculé ce qu'il faudrait d'in-folios pour en dresser la liste ?

Je n'ai pas besoin d'ajouter qu'à côté des hypocrites les imbéciles ont toujours été nombreux.

Venons à la seconde question.

« Quels sont donc, demande M. Dupanloup, quels sont les hommes qui viennent ici se mettre en scène, se poser en maîtres, en chefs de la pensée, de la science, en révélateurs, parlant comme s'ils étaient seuls la critique, la science, l'avenir, et jetant l'insulte à toute l'humanité qui les a précédés ?...

Quant au fond des doctrines, ils tranchent toujours et ne rai-
sonnent jamais. »

A cela

Nous aurions de quoi dire, et belle est la matière.

Aussi notre réponse sera courte.

Ce n'est pas nous, c'est vous, Monseigneur, c'est-à-dire
votre Église; c'est vous qui, par doctrine et par principe, ainsi
que l'attestent de concert chacun de vos dogmes, chacune des
pages de votre histoire, c'est vous qui jetez chaque jour, depuis dix-huit siècles, l'insulte à l'humanité, surtout à l'humanité qui vous a précédés. C'est vous aussi qui, par un privilége
divin, que nous n'avons garde de vous envier, possédez seuls,
à l'adresse de vos adversaires, un vocabulaire d'injures comme
le monde n'en connaissait pas avant vous. C'est vous qui, par
état et profession, vous posez en révélateurs, en maîtres, en
chefs de la pensée. C'est à vous, enfin, à vous séuls, que convient et conviendra toujours le reproche que Celse, au deuxième
siècle, adressait aux chrétiens de son temps : « Ils ne veulent,
disait-il, ni écouter vos raisons, ni vous en donner de ce qu'ils
croient, ils se contentent de vous dire : *N'examinez point,
croyez seulement*, ou bien : *Votre foi vous sauvera*, et ils
tiennent pour maxime que la sagesse du monde est un mal. »

Vous savez que, pour ma part, au point de vue de l'orthodoxie chrétienne, je suis loin de trouver mauvais que vous mé-
ritiez ce reproche, et de vous en adresser aucun blâme.

VIII

Venons enfin à la grosse question de notre époque.

« La loi morale est dans l'homme. » **M.** d'Orléans en convient, lui aussi; mais il ajoute aussitôt : « C'est Dieu qui l'y a
mise. »

Encore une fois, qu'en sait-il plus que nous? Et d'ailleurs
que nous importe ?

A l'entendre, on croirait que cette affirmation : *La morale est indépendante du dogme religieux*, soit une proposition inouïe jusqu'à ce jour. « Devant le bon sens du genre humain, dit-il, si Dieu est, il est créateur ; s'il est créateur, il est législateur suprême ; et, s'il est législateur, il est juge : il est cela, ou il n'est pas. » Ainsi, M. Dupanloup semble ignorer que chez les anciens, étrangers à la notion d'un Dieu créateur, et dont toute la théologie était simplement une divinisation de la nature, des peuples entiers, en Orient comme en Occident, ont vécu sur cette proposition qu'il nomme un athéisme pratique. Il semble ignorer que toutes les théories morales des plus grands philosophes de l'antiquité et des temps modernes se rattachent à cette proposition ; qu'elle est devenue classique et enseignée aujourd'hui dans les traités de philosophie élémentaire autorisés par l'Université.

« Quoi ! s'écrie-t-il, vous voudrez que Dieu demeure étranger à la morale, indifférent au bien et au mal, c'est-à-dire qu'il n'ait aucun souci de l'âme humaine, du cœur humain, de la conscience humaine, de ce qui fait l'homme moral, de ce qui nous fait hommes, de ce qui fait notre dignité et notre honneur, notre liberté, notre responsabilité, notre vertu et l'ordre du monde ! »

Oui, Monseigneur ; et, de fait, pour peu qu'on observe avec quelque attention le train des choses dans la nature et dans l'humanité, le moyen d'admettre en conscience qu'un Dieu s'intéresse aucunement à tout cela ? Vous-même, ne voyez-vous pas d'ici quelle montagne de difficultés fait obstacle à cette hypothèse ?

Depuis dix-huit cents ans, au nom de ce Dieu et, comme vous le prétendez, sous son action directe, vous manipulez l'humanité, qui s'est complaisamment laissé faire. Quels résultats avez-vous obtenus ? Que valent aujourd'hui, de votre propre aveu, après dix-huit siècles de christianisme, l'éducation et la moralité de l'immense majorité des hommes ? D'où vient, si votre Dieu s'intéresse si fort à la dignité et à l'honneur de notre espèce, d'où vient que tant d'êtres à figure humaine, non-seulement dans toute l'étendue de vastes contrées,

réputées sauvages et barbares, mais même au sein de nos villes
prétendues civilisées, ne s'élèvent guère au-dessus de la brute,
quelquefois même descendent au-dessous d'elle, et restent
ensevelis dans les liens et dans la fange de l'animalité, sans
souci, sans préoccupation aucune de ce que c'est que dignité,
vertu, liberté, responsabilité morale ? Nous croyons, il est
vrai, que, dans toute société humaine, grâce aux bons instincts
de notre nature, le bien pratique l'emporte encore et de tout
temps l'a emporté sur le mal ; mais nous croyons aussi que le
mal pourrait être beaucoup moindre, et le bien s'accroître de
beaucoup ; nous disons, avec Cicéron, — que vous aimez tant
à citer, et que vous citez si exactement, — nous disons que,
sans qu'aucun Dieu s'en mêle, l'humanité est appelée à se ra-
cheter, à se justifier elle-même ; nous croyons que vos doctrines depuis longtemps y font obstacle ; qu'il y faut d'autres
prédications que les vôtres, et voilà pourquoi, après une expé-
rience de dix-huit cents ans, nous refusons désormais de vous
suivre.

J'ai exposé ailleurs les conséquences funestes d'une morale
qui va chercher en Dieu son principe et sa sanction. J'ai dé-
montré ces conséquences par des faits. Le dernier pamphlet
de M. d'Orléans m'en fournit lui-même plusieurs, entre lesquels je veux choisir.

Sous l'influence de notre morale, à nous, il s'est formé, dans
ces derniers temps, certaines associations dont les membres,
sacrifiant héroïquement les mille préjugés, les mille intérêts
dont, comme par autant de liens, les religions officielles nous
enchaînent encore, ont adopté pour devise cette maxime :
Agis comme tu penses, conforme ta conduite à tes principes.
M. d'Orléans ne voit en cela qu'un « affreux mouvement d'impiété. » Et pourquoi ? Pourquoi blâmer ici l'observance d'une
maxime préconisée de tout temps par tous les sages ? Ah !
c'est que les membres de ces associations se sont, par esprit
de moralité, détachés de toute religion positive ; c'est qu'ils
« s'engagent, comme parle M. Dupanloup, à ne jamais rece-
voir aucun sacrement d'aucune religion ; ils repoussent toute

bénédiction religieuse à la naissance de leurs enfants, toute consécration religieuse à leur mariage, toute prière à leur mort, et, par un acte qui a pour titre : *Ceci est mon testament*, ils constituent un ou plusieurs membres de la Société pour les représenter après leur mort, et empêcher leur famille d'appeler sur leur tombe les bénédictions de la religion. »

Nous ne sommes plus, il est vrai, au lendemain de la révocation de l'édit de Nantes ; nous ne sommes plus au temps où, toute autre forme de mariage que la forme catholique étant abolie en France, les curés, avant de leur accorder la bénédiction nuptiale, obligeaient les fiancés, enfants de réformés, *à maudire leurs parents décédés* et *à jurer qu'ils croyaient à leur damnation éternelle*. Partout où elle sent que les populations lui échappent, l'Eglise aujourd'hui se montre bonne mère, elle prodigue ses bénédictions, elle les prodigue même à ceux qui meurent en abjurant sa foi. Elle a peur, et pour cause, du *scandale* des *enterrements civils*. M. Dupanloup, par une de ces contre-vérités qui lui sont familières, va même jusqu'à dire quelque part, et cela d'un ton tout à fait doucereux : « L'Église n'a de malédiction pour personne. » La vérité est que, depuis dix-huit siècles, l'histoire tout entière, celle des conciles en particulier, proteste contre cette assertion, elle retentit encore des malédictions de l'Église, et Dieu sait, comme nous, en quel style !

Mais, pour ne pas nous écarter plus longtemps de notre thèse, d'où vient que M. Dupanloup n'a pas compris et n'a pu comprendre que l'observance de cette maxime, *Conforme ta conduite à tes principes*, constitue avant tout la dignité de la vie humaine ? C'est qu'il est chrétien ; c'est que sa conscience n'est pas la sienne, mais celle de son Église. Tout autre rendrait hommage à la résolution virile de ceux-là mêmes dont il ne parle, lui, qu'avec mépris, avec horreur.

Citons encore un fait dont la conclusion est la même. Parlant d'une *Histoire populaire de la philosophie* : « On reconnaît dans tout cet écrit, dit M. d'Orléans, les blasphèmes qu'on a lus dans la *Vie de Jésus*, de M. Renan, et dans les articles plus odieux encore, publiés dans la *Revue des Deux-Mondes*, par M. Havet, professeur, dit-on, au Collége de France. »

Eh bien ! Monseigneur, souffrez que je vous le dise, je doute qu'il se rencontre un simple honnête homme qui ne juge ce *dit-on* plus odieux cent fois que les prétendus blasphèmes dont vous accusez ici vos adversaires. Permettez-moi d'ajouter que, si M. Havet, en conséquence de semblables insinuations, était aujourd'hui forcé de quitter sa chaire, comme vous-même, en 1841, à votre retour de Rome, et tout pénétré de saintes inspirations puisées au pied du Saint-Siége, avez été forcé, après trois ou quatre apparitions, de quitter la vôtre à la Sorbonne, lui, du moins, ne descendrait pas de la sienne, repoussé par la conscience et l'indignation de son auditoire.

IX.

C'était chose inouïe jusqu'à ce jour que les loups se plaignissent d'être mangés par les moutons. Ce ne l'est plus.

« En fait, aujourd'hui, dit M. Dupanloup, dans l'état actuel de la presse, la religion et l'impiété se trouvent en présence et en lutte dans les positions que voici : quelques défenseurs isolés restent çà et là sur la brèche, sans qu'on leur permette de recruter aucun auxiliaire nouveau ; tandis que la grande masse des journaux et des revues attaque, avec un concert et une audace qui vont toujours croissant, non-seulement le Pape, mais Jésus-Christ, l'Évangile, l'Église tout entière, son clergé, ses ordres religieux, tout son enseignement. » Il se plaint que l'Église n'ait pas les moyens de « combattre à armes égales » ses adversaires, et que la liberté de la presse soit bien plus grande pour nous que pour lui. Il accuse, en conséquence, le pouvoir « d'abandonner le clergé aux haines aveugles, comme il livre les propriétaires à la calomnie. » Il exprime le souhait que l'autorité nous impose silence sur tout ce qui touche à l'économie sociale et à la religion, comme elle a fait pour ce qui touche à la dynastie, à la constitution et aux formes politiques. « L'empire, dit-il, et l'usage de la force sont chez nos ennemis. »

N'est-il pas bien difficile d'admettre que M. d'Orléans soit de bonne foi avec lui-même, quand il s'exprime ainsi ?

Le monde, en général, n'ignore pas que le clergé est encore, et toujours, une puissance redoutable. Il voit en lui une armée nombreuse, fortement organisée, soumise à une hiérarchie implacable, dressée de longue main au commandement et à l'obéissance, et dont tous les membres se rattachent étroitement, s'enchaînent les uns aux autres par intérêt de position et par esprit de corps. J'ai connu quelques prêtres athées, chez qui cet esprit se manifestait, dans l'occasion, avec autant de force et d'intolérance que chez les plus croyants. Le clergé, d'ailleurs, prend part au budget de l'État, il jouit de ses faveurs, et c'est aussi lui qui, malgré des plaintes en partie légitimes, possède encore, en face du pouvoir, la plus grande somme de liberté. Il dispose de temples nombreux, où sa voix seule a le droit de se faire entendre. Il a mille secrets admirables pour accroître ses trésors. Il a mille moyens d'action et de propagande.

Le monde, au contraire, ne sait pas assez à quelles persécutions souterraines, à quelles difficultés matérielles et morales, est en butte, surtout dans certaines professions, le libre penseur, obligé de travailler pour vivre, qui conforme à ses principes ses actes et son langage. Ah ! c'est bien à lui qu'il est besoin du *robur et æs triplex circa pectus* dont parle le poëte. Si, comme écrivain, poussé par ses convictions, il se jette dans la mêlée, il ne combat jamais qu'avec l'appréhension de sentir à tout moment se briser dans sa main, sous les coups du pouvoir, l'arme dont il se sert. Atteint et convaincu d'aimer avant tout la vérité, pour elle-même d'abord, et aussi parce qu'il voit en elle le salut et la dignité du genre humain ; coupable d'avoir dit à haute voix, comme le sage de Nazareth : « Vous connaîtrez la vérité, et la vérité vous rendra libres, » comme lui aussi, il sera crucifié dans son corps et dans son âme ; il lui faudra bien souvent sacrifier non-seulement son bien-être, ce qui serait peu de chose, mais souffrir encore dans la personne bien-aimée de sa femme et de ses enfants, et rarement il rencontrera parmi ceux sur lesquels il semblait avoir le droit de compter, l'appui et les consolations que tout membre du clergé trouve, au besoin, auprès de ses confrères. Tant il est vrai, comme disait encore le Nazaréen, que « les enfants des ténèbres sont plus sages dans la conduite de leurs affaires que ne sont les enfants de la lumière ! »

Je reconnais, avec M. d'Orléans que, malgré ces désavantages d'un côté, malgré ces avantages de l'autre, le christianisme, dans la lutte qui se poursuit, est en train de succomber ; avec M. d'Orléans je reconnais aussi qu'il n'appartient ni à la religion naturelle de M. Jules Simon, ni à la religion naturelle de M. Patrice Larroque de le remplacer, et qu'en effet le déisme, comme l'a dit P.-J. Proudhon, n'est « qu'un pied-à-terre nécessaire pour tous ceux qui abandonnent la religion de leurs pères. » Mais à qui la faute, dirai-je à M. d'Orléans, à qui la faute, Monseigneur, si la religion des aïeux est aujourd'hui conspuée dans son dogme et dans sa morale ? Croyez-vous n'y être pour rien ?...

Ailleurs, je vous ai indiqué, non certes de mon autorité privée, par quelle hardie manœuvre il serait possible de préserver du naufrage la barque de saint Pierre ; je vous ai révélé, au nom de Pascal, l'unique moyen de purifier, de régénérer votre Église et, avec elle, la religion dont elle est l'organe. Mais vous, tout en déplorant la servitude de l'Église, vous repoussez la maxime : « L'Église libre dans l'État libre, » et vous prétendez que « ceux qui parlent de séparer l'Église de l'État sont dans une erreur inconcevable ; « vous préconisez les concordats ; vous ne voyez de salut que dans l'exaltation d'un Pape-Roi et dans le retour complet de ce qu'on appelait autrefois l'alliance du Sacerdoce et de l'Empire. Vous vous obstinez ainsi à « mêler, comme disait Proudhon, le bon Dieu avec les prunes. » L'Église, dès lors, et la religion, en ce qui touche à leurs intérêts légitimes, n'ont rien à espérer de vous.

X.

Veut on savoir où M. d'Orléans place aujourd'hui, pour son

Église, l'espérance du triomphe ? C'est tout simplement, quoi qu'il s'en défende, dans l'extermination par le bras séculier des adversaires de son Pape-Roi, de son Dieu et de son Église.

Il sait que la couardise est, de notre temps, chez un grand nombre, la vertu dominante : cette vertu, il l'exploite de son mieux.

Donc, selon lui, « la guerre acharnée que les chefs de la libre pensée font, depuis dix ans surtout, à la religion, n'est qu'un préliminaire de celle qu'ils méditent contre l'ordre social. » Et là-dessus, il évoque à grands cris et fait grimacer devant nous le spectre rouge, le fantôme du socialisme.

Après quoi, il ajoute : « N'est-il pas manifeste que c'est surtout depuis la guerre faite au Pape, et commencée il y a juste dix ans par M. de Cavour, que le mouvemeut athée et révolutionnaire a redoublé d'intensité et de violence ? — C'est depuis ce temps que des livres qu'on n'osait imprimer en France, et qu'on allait éditer en Belgique, ont été publiés à Paris ; d'autres, que le mépris public ensevelissait chez le libraire, sont devenus tout à coup des livres importants ; enfin les journaux et les revues ont été plus que jamais des tribunes ouvertes à ces docteurs d'athéisme et de matérialisme. Le Pape une fois attaqué, on s'est cru tout permis, et après la catastrophe, si elle se consomme, jusqu'où l'audace n'ira-t-elle pas ? — Mais quoi ! dirai-je à ceux de ces hommes qui semblent avoir encore quelque souci d'eux-mêmes, vous voyez que le flot monte, monte toujours ; vous voyez se faire, en même temps, sous vos yeux, d'immenses efforts pour pénétrer d'athéisme le peuple : et vous ne voulez pas comprendre que, si la démocratie, qui sera peut-être maîtresse demain, est antichrétienne, irréligieuse, athée, elle vous fera une société effroyable ? »

M. Dupanloup repousse ensuite le reproche qu'on lui a fait d'attaquer la démocratie. « Si la démocratie, dit-il, c'est l'ascension des races populaires, des paysans, des ouvriers à une plus grande somme d'instruction, de bien-être, de moralité, de légitime influence, l'Église est avec la démocratie. »

Mais, Monseigneur, cette démocratie, c'est la nôtre ; c'est

celle que nous appelons de nos vœux et de nos efforts. J'ajoute, d'accord avec les faits de l'histoire, et en dépit de vos affirmations, que jamais l'Eglise n'a travaillé et n'a pu travailler à l'avènement de cette démocratie-là. J'ajoute aussi, en dépit de vos négations, mais toujours d'accord avec les faits de l'histoire, que l'Eglise a plusieurs fois appuyé, provoqué « la tyrannie sans frein de la multitude, et, avec cette tyrannie, la guerre sociale, le bouleversement de tout ordre public et des principes fondamentaux de la société. »

Quand M. Dupanloup, calomniant nos intentions, nous représente comme les promoteurs de cette dernière espèce de démocratie ; quand, par suite, il convoque contre nous à une ligue sainte, non-seulement les disciples de sa religion, mais encore tous ceux qui, sans avoir eux-mêmes la foi chrétienne, « en comprennent du moins les bienfaits, l'influence, la nécessité sociale ; » quand il nous signale à l'attention et à la surveillance du gouvernement, il encourt justement, quoiqu'il dise, la triple accusation que, dans une prévision facile, il a formulée lui-même. Oui, on dira en effet, on répétera : 1° qu'il attaque la société moderne ; 2° qu'il fait appel à la force et à la peur ; 3° qu'il veut effrayer les esprits au profit de son Église en général et de la question romaine en particulier. Il faudrait se crever les yeux pour ne pas lire dans les siens, à travers les pages de son livre, cette triple intention.

Nous n'en persisterons pas moins à revendiquer pour lui et pour son Église, comme pour nous-mêmes, la réalisation complète de notre chère devise : *Liberté ! Liberté !*

PARIS

J. Claye, imp.